AF312707

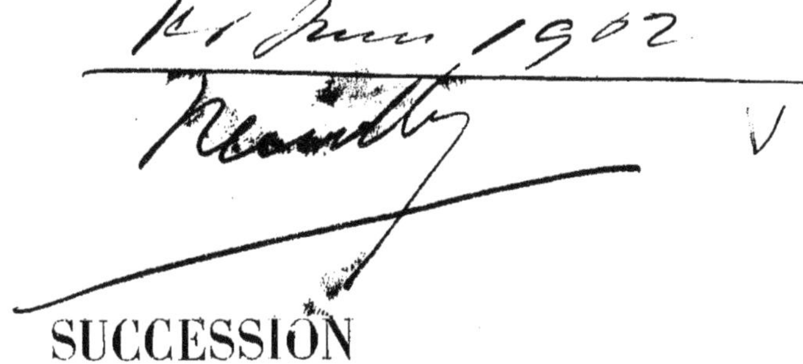


# SUCCESSION

DU

## Prince San Severo

———

# IMPORTANTE COLLECTION

DE

## PORCELAINES & FAÏENCES ANCIENNES

### GROUPES & FIGURINES

*BISCUITS*

# MEUBLES ANCIENS

## OBJETS DE VITRINE

### TABLEAUX ANCIENS ET MODERNES

*BRONZES D'ART & D'AMEUBLEMENT*

### MARBRES ET TERRES CUITES

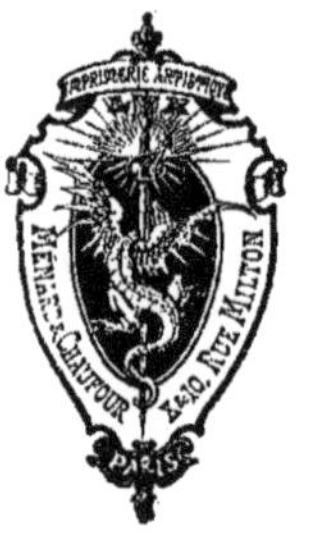

SUCCESSION

DU

# PRINCE SAN SEVERO

# IMPORTANTE COLLECTION

DE

## PORCELAINES ET FAIENCES ANCIENNES

### GROUPES ET FIGURINES

*BISCUITS*

# MEUBLES ANCIENS

### OBJETS DE VITRINE

## TABLEAUX ANCIENS & MODERNES

### Bronzes d'Art et d'Ameublement

*MARBRES ET TERRES CUITES*

VENTE

## Le Dimanche 1ᵉʳ Juin 1902 et jours suivants

A I H. 1/2

### 32, Boulevard Maillot, 32

A NEUILLY-SUR-SEINE

| Mᵉ E. BOUDIN | Mᵉ A. DESVOUGES |
|---|---|
| COMMISSAIRE-PRISEUR | GREFFIER DE LA JUSTICE DE PAIX |
| à Paris | Neuilly-sur-Seine |
| *102, Rue de Richelieu* | |

## M. CAILLOT, Expert à Paris

*17, Rue Lafayette*

EXPOSITION PUBLIQUE

### Le Samedi 31 Mai 1902, de 1 h. 1/2 à 5 h. 1/2

# ORDRE DES VACATIONS

**Dimanche, Lundi, Mardi.** Porcelaines, Faïences, Terres cuites, Objets de vitrine.

**Mercredi.** Tableaux.

**Jeudi.** Bronzes d'art et d'ameublement, Marbres, Meubles anciens.

## CONDITIONS DE LA VENTE

Elle sera faite au comptant.

Les acquéreurs paieront 10 o/o en sus du prix d'adjudication.

L'exposition permettant au public de se rendre compte de la nature et de l'état des objets, il ne sera admis aucune réclamation une fois l'adjudication prononcée.

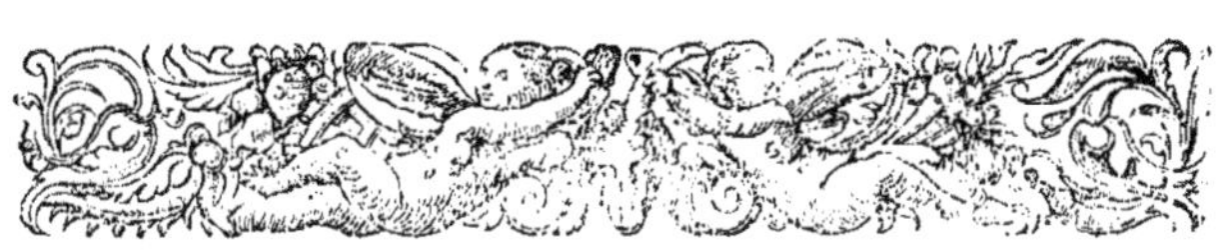

# DÉSIGNATION

---

## TABLEAUX
### MODERNES ET ANCIENS

### AQUINO

1 — *Route dans la montagne.*

### BROWN (John-Lewis)

2 — *Études de chevaux.*

### COROT ?

3 — *Laquais.*

### COUTURIER

4 — *Escalier de maison à la campagne.*

### DAUBIGNY

5 — *Paysage.*

## DREUX (Alfred de)

6 — *Etude de cheval.*

7 — *Jeunes Femmes à cheval.*

## FAUVELET

8 — *Renard dans les bois.*

## FOUQUE

9 — *Bacchus lutiné par les nymphes.*

## GABÉ

10 — *Scènes galantes.*

Deux pendants,

## GALETTI

11 — *Intérieur de ferme.*

12 — *Bords de rivière.*

13 — *Le Berger.*

## HEREAU

14 — *Chevaux au vert.*

## HERAULD

15 — *Etude de cheval (Actéon).*

## JACQUE (Ch.)

16 — *Cheval à l'écurie.*

## LAMBERT (Eug.)

17 — *Lapinière.*

## LUSSAN (Faustin)

18 — *La Cueillette des cerises.*

## MAUGEY

19 — *Femme récurant un vase.*

## PALIZZI

20 — *Jeune chevrier.*

21 — *Béliers aux champs.*

22 — *Ane au paturage.*

23 — *Sous Bois.*

## PÉCRUS

24 — *Jeune femme lisant.*

## PEZOUS

25 — *Intérieur d'artiste.*

## RAFFET

26 — *Cinq études de chevaux.*

27 — *Etude de soldat.*

28 — *Un Zouave.*

29 — *Soldat couché.*

## RIBOT

30 — *Jeunes marmitons.*

## SALMON (Th.)

31 — *Poules.*

## SAGUET

32 — *Portrait de jeune homme.*

## TATEMAND

33 — *La Baignade.*

## ECOLE MODERNE

34 — *Portrait de Murat en costume.*
Cadre en bois sculpté.

35 — *Moines et paysans italiens traversant une rivière en bac.*

## RAFFET

36 — *Deux Études de chevaux.*

37 — *Portraits de femmes.*
>Deux pendants.
>Cadres bois sculpté et doré.

38 — *Sujet d'histoire.*

39 — *Portrait de dame tenant un livre à la main.*

40 — *Portrait de jeune fille.*

## ECOLE ITALIENNE

41 — *Suzanne et les deux vieillards.*

## ECOLE FLAMANDE

42 — *Intérieur.*

## ÉCOLE HOLLANDAISE

43 — *Halte de cavaliers.*

## ÉCOLE FRANÇAISE

44 — *Portrait de jeune femme en robe bleue, poitrine et bras nus, tenant une guitare.*
>Panneau.

45 — *Portrait de jeune seigneur Louis XIV en cuirasse, vu de trois quarts.*

46 — *Nature morte. Raisins.*
Panneau.

47 — *Oiseaux. Fleurs. Fruits.*
Trois tableaux.

48 — *Portrait d'un seigneur en cuirasse.*

49 — *Jeune femme peignant.*

5o — *Portrait d'enfant.*
(Dessin de Huguet.)

51 — *Portrait de jeune femme décolletée, corsage blanc, manteau velours rouge garni d'hermine.*

52 — *Portrait de femme vue de face, robe de soie verte.*

53 — *Portrait de femme, vue de face, robe verte à devant dentelles blanches ornées de nœuds rouges.*

## BOUCHER (D'APRÈS)

**53 *bis* Amours.**
Cinq médaillons.

54 — *Mars et Vénus.*
Médaillon.

55 — *Le Sommeil d'Actéon.*
Médaillon.

56 — *L'Amour brandissant sa torche.*

57 — *Jeune femme enlevant son masque et conduite par l'amour.*

58 — *Portrait de femme.*
Médaillon.

59 — *Scène pastorale, jeunes bergers.*

60 — *Satyre et femme nue.*

61 — *Portrait de femme.*

62 — *Combat de cavaliers Louis XIV près d'une ville assiégée.*

63 — *Amours.*
Deux dessus de portes.

64 — *Portrait de femme Louis XIV de face, décolletée, corsage velours noir garni de dentelles.*

65 — *Scène de l'Ecriture Sainte.*

66 — *Amphitrite.*

67 — *Leda.*

68 — *Portrait de femme assise, époque Louis XIV, décolletée, robe velours bleu.*

69 — *Portrait de jeune femme, corsage garni d'un bouquet de fleurs.*

(Signé : LAPERCHE, 1790)

70 — *Portrait d'homme.*

71 — *Portrait de jeune femme décolletée avec bouquet de roses.*

72 — *Vierge et enfant.*

73 — *Sujet mythologique.*

74 — *Portrait de jeune homme.*

75 — *Portrait de jeune homme en habit vert.*

76 — *Tête de jeune femme couverte d'une mantille rouge.*

# AQUARELLES, DESSINS
## GRAVURES

BROWN (John Lewis)

77 — *Chevaux à la promenade.*

G. DAVID

78 — *Jeunes femmes.*

FICHEL

79 — *Enfant jouant du violon.*

HEROULT

80 — *Aquarelle.*

HERVIER

81 — *Le Bûcheron.*

LUNA

82 — *Dragon chargeant.*

83 — *Cheval.*

84 — *Chevaux de poste.*

## ROQUEPLAN

85 — *Enfant.*

86 — *Quatre grarures anglaises en couleur.* Chasse.

87 — *Gravure anglaise en noir.* Chasse.

88 — *Dessins sous verres de* COTTIN, RADY, RAFFET, etc. (Seront divisés).

89 — *Tableaux et études diverses* (Seront divisés).

90 — *Gravures diverses* (Seront divisées).

## MARBRES

91 — Statue en marbre : Jeune femme, d'après l'antique.

92 — Statue en marbre : Bernard Palissy.

93 — Statuette en marbre : Femme couchée.

94 — Statuette en marbre : Amour couché.

95 — Grande jardinière supportée par un amour en terre-cuite reposant sur une coquille de marbre.

96 — Masque d'enfant en marbre.

## TERRES CUITES

97 — Grande statue : Le Petit joueur de violon.

98 — Grande statue terre cuite : l'Amour facteur.

99 — Grande statue terre cuite de Gossin : Amour tirant son arc, socle plâtre.

100 — Deux bustes d'hommes, personnages Louis XIII. Terre cuite peinte.

101 — Grand groupe terre cuite : Amphitrite et Neptune.

102 — Grande statuette de femme nue couchée, plâtre par Huguenin.

# MEUBLES ET BOIS SCULPTÉS

103 — Deux étagères pliantes acajou.

104 — Cinq chaises acajou.

105 — Fauteuil acajou.

106 — Ameublement de salle à manger en acajou comprenant :
Une table.
Une desserte à fond de glace.
Une étagère.
Une desserte étagère.
Dix chaises cuir.

107 — Table-bureau acajou orné de bronzes dorés Louis XV.

108 — Deux Vitrines à deux corps en acajou avec filets cuivre Louis XVI.

109 — Deux grandes vitrines en écaille plaquée.

110 — Petit bureau à doucine en acajou garni de bronzes dorés Louis XVI.

111 — Cabinet italien plaqué d'écaille avec plaques de cuivre repoussé et bas-relief en ivoire.

112 — Table-bureau bois noir garni de bronzes dorés Louis XV.

113 — Meuble d'entre-deux bois noir à une porte, garni d'une plaque de cuivre gravé représentant Mercure. Louis XIV.

114 — Gréridon rond en acajou garni de bronzes dorés Louis XVI.

115 — Grande table en acajou garnie de bronzes dorés et ciselés Louis XVI.

116 — Petite table vitrine en acajou garnie de bronzes dorés.

117 — Quatre étagères rondes hautes, acajou.

118 — Jardinière ronde acajou et bronzes dorés Louis XVI.

119 — Banquette acajou.

120 — Vitrine à quatre portes vitrées, bois noir garni de bronzes, bustes de femmes. Louis XV, dessus marbre noir.

121 — Vitrine à deux portes en bois noir avec galerie bronze doré.

122 — Bibliothèque vitrée bois noir, filets cuivre et encoignures bronze doré Louis XIV.

123 — Jardinière en marqueterie de BOULE.

124 — Grand bureau anglais en acajou.

124 *bis* — Meuble à tiroirs en acajou.

125 — Grande et belle armoire porte-manteau acajou à trois portes en glace et deux portes acajou.

126 — Meuble à tiroirs avec porte en glace et contenant un coffre-fort.

127 — Lit acajou avec tiroirs.

128 — Un petit chiffonnier acajou.

129 — Meuble toilette en acajou, dessus de marbre.

130 — Deux encoignures à tiroirs acajou.

131 — Un meuble vitrine applique à deux corps.

132 — Deux meubles d'entre-deux, bois noir orné de bronze doré, dessus marbre noir.

133 — Meuble d'entre-deux en acajou cannelé. Style Louis XVI à deux portes en glace, dessus marbre blanc.

134 — Grande table bureau ovale en acajou.

135 — Vitrine en acajou à deux portes, dessus marbre blanc.

136 — Table de salle à manger carrée en acajou.

137 — Buffet étagère acajou.

138 — Six chaises acajou et cuir.

139 — Petite table bois sculpté supportée par un nègre.

140 — Console en bois sculpté à guirlandes et médaillon Louis XVI.

141 — Petit meuble bureau écran Louis XVI en acajou.

142 — Console bois sculpté Louis XV dessus de marbre.

143 — Ecran en acajou cannelé.

144 — Quatre grands fauteuils en chêne sculpté recouverts en cuir de Cordou.

145 — Grand meuble demi-lune à portes en bois sculpté, dessus de marbre.

146 — Miroir long, bois sculpté Louis XV.

147 — Huit appliques bois sculpté à deux lumières, fleurs et rubans enlacés.

148 — Miroir ovale, cadre bois sculpté.

149 — Glace à fronton miroir, cadre bois sculpté et doré.

150 — Statuette « Amour » bois sculpté.

151 — « L'Amour et ses attributs », bo.s sculpté et doré.

152 — Deux pieds bois sculpté et doré formés de cariatides.

153 — Cadre de baromètre rond en bois sculpté et doré.

154 — Baromètre long, bois peint en blanc et or.

155 — Deux socles bois sculpté supportés par des têtes d'anges.

156 — Six petites glaces appliques gravées, cadre bois doré sculpté.

157 — Deux petites glaces motifs en reliefs.

158 — Deux petits supports consoles et une guirlande bois sculpté et doré Louis XVI.

159 — Quatre cartouches médaillons bois sculpté. Style Louis XVI.

160 — Trois panneaux de chaise à porteur, sujets vernis MARTIN, bois sculpté et doré Louis XV.

161 — Plusieurs cadres bois sculpté et doré.

162 — Bas-relief bois sculpté : les saints Innocents.

163 — Médaillon bois sculpté: le pape saint Léon.

164 — Petit sujet bois sculpté et doré.

165 — Médaillon bois sculpté: le Christ.

## BRONZES D'ART

166 — Chevreuil mort. Bronze de CHEMIN.

167 — Statuette bronze : Cheval par LENORDEZ.

168 — Statuette bronze : Jeune femme puisant de l'eau. PRADIER, 1852.

169 — Mercure: Statue bronze.

170 — Statuette bronze : Un Cent-Garde, de FREMIET.

171 — Bronze: Un Moufflon.

172 — Bronze: Lion couché.

173 — Bronze : Cheval et chien, de MÈNE.

174 — Statuette bronze : Jeune femme, de GUMBERWORTH, socle marbre noir.

175 — Statuette : composition, Amour, socle bois.

176 — Porte-allumettes bronze : Chien fumant.

177 — Bronze : Cheval, de BONHEUR.

178 — Groupe en bronze formé de trois Amours.

179 — Groupe en bronze : Steeple-chase de singes, de BOYER et moulage en plâtre.

180 — Statuette bronze: Apollon.

181 — Statuette bronze : Satyre jouant des cimbales.

182 — Statuette en bronze : Henri IV enfant.

183 — Quatre bustes en bronze : Romains et Romaines sur petit socle, colonne marbre.

184 — Statuette équestre, d'après l'antique.

185 — Petite statuette de femme en bronze.

186 — Groupe bronze : « Moutons », de Moi-GNIEZ.

187 — Buste d'enfant sur socle en bronze, orné de figures en relief.

## BRONZES D'AMEUBLEMENT

188 — Un presse-papier : St-Michel terrassant le démon.

189 — Un presse-papier : Sphynx ailé en bronze.

190 — Trois presse-papier bronze doré, chien couché à buste de jeune femme.

191 — Deux flambeaux bouts de table à deux lumières ornés de statuettes d'amours bronze doré, avec écrans.

192 — Un encrier bronze doré amour jouant
des cymbales.

193 — Un groupe de trois amours.

194 — Support de plat en bronze doré.

195 — Encrier carré en bronze doré à quatre
godets avec flambeau au milieu.

196 — Statuette cuivre doré formant chapi-
teau de pendule, chutes, bustes et bandeau
ajouré cuivre doré.

197 — Deux girandoles à quatre lumières
bronze doré, style rocaille.

198 — Pendule cartel Louis XIV en écaille
garnie de bronzes dorés.

199 — Pendule boule céleste en bronze doré
supportée par deux statuettes homme
socle marbre.

200 — Pendule bronze doré Louis XV avec
statuettes d'amours.

201 — Petite pendule femme nue et amour en terre cuite supportant le mouvement.

202 — Pendule en bronze doré Louis XV à sujets de deux personnages.

203 — Deux girandoles à trois lumières en bronze gravé et argenté.

204 — Deux hauts de girandoles en bronze doré.

205 — Miroir rond supporté par un amour en bronze doré.

206 — Cadre à pans en cuivre avec incrustations de corail.

207 — Deux flambeaux forme de Bacchante en bronze doré, socle marbre blanc.

208 — Deux cornets supportés par un sphynx bronze doré monté sur colonne marbre.

209 — Pendule lyre en marbre avec ornements feuillage et soleil, bronze doré Louis XVI.

210 — Deux appliques à deux lumières cors de chasse Louis XVI.

211 — Deux flambeaux bronze doré : faune
et faunesse.

212 — Tête de faune bronze doré.

213 — Deux flambeaux bronze doré, style
Louis XV à cariatides d'enfants.

214 — Deux flambeaux dragons bronze argenté.

215 — Cartel applique bronze doré. Style
Louis XV.

216 — Mouvement d'horloge à carillon.

217 — Deux grands flambeaux bronze doré,
rocaille.

218 — Une pendule bronze doré, rocaille
avec personnages.

219 — Deux flambeaux bronze doré : femmes
nues.

220 — Deux flambeaux bronze doré : amours.

221 — Deux petits cadres ovales bronze doré

222 — Deux petites appliques en bronze vert:
amour.

223 — Deux petits supports consoles en
bronze, style rocaille.

224 — Deux brûle-parfums bronze doré,
forme d'un vase, supportés par des cariatides de femmes ailées.

225 — Petit support en bronze doré.

226 — Encrier sabot de cheval, bronze doré.

227 — Petite pendule applique surmontée
d'un amour, bronze doré.

228 — Flambeau trépied formé d'un diable
supportant une marmite.

229 — Vase en bronze doré formé d'une tête
de cerf broutant du feuillage.

230 — Petite pendule en marbre blanc avec
monture griffes de lions et ornements de
pommes de pins, feuillages et fruits, bronze
doré.

231 — Deux bouts de table formés d'un

amour supportant deux lumières. Style
Louis XVI.

232 — Deux flambeaux Louis XIII en cuivre.

233 — Belle pendule à mouvements solaires
et lunaires avec quantièmes, etc., cage
en verre, monture cuivre.

234 — Deux appliques a deux lumières,
bronze doré. Style Louis XV.

235 — Jardinière en bronze doré formée d'une
corbeille ajourée supportée par trois
amours. Style Louis XV.

236 — Grand cartel bronze doré avec muffle
de lion. Louis XVI.

237 — Garniture de cheminée en bronze doré
à décor d'amours comprenant une pendule et deux candélabres à deux lumières.

238 — Petite pendule bronze doré. Style
Louis XVI.

239 — Deux plaquettes bronze à sujets d'a-
mours d'après CLODION.

240 — Petit plat en cuivre repoussé.

241 — Une lampe pompéienne à deux becs.

242 — Vase en cuivre repoussé.

243 — Petit trépied en bronze doré à tête de boucs, Style Louis XV, socle marbre.

244 — Deux landiers, cuivre hollandais.

245 — Vidrecome en cuivre avec amours.

246 — Vidrecome forme casque en métal.

247 — Un plus petit.

248 — Vase en bronze anse formé d'un serpent.

249 — Deux petites statuettes bronze : Amour monté sur un chien et personnages chimérique à queues de dragon.

250 — Onze pièces d'ornements : Amours, lions et bas-reliefs, appliques attributs, culs-de-lampe en cuivre doré.

251 — Deux grands plats en cuivre ajouré.

# PORCELAINES, FAIENCES

## BISCUITS, GROUPES ET STATUETTES

252 — Trois cache-pots en ancienne porcelaine de Sèvres, pâte tendre, décor polychrome et or, bouquets de fleurs et fruits.

Haut: 0m 17.

253 — Deux plateaux piédouches à deux étages en ancienne porcelaine de Sèvres, pâte tendre, décor polychrome à bouquets de fleurs, hachures bleues et or.

254 — Deux beurriers ou confituriers ancienne porcelaine tendre de Sèvres, décor polychrome, or et bouquets de fleurs.

255 — Deux saucières ancienne porcelaine de Sèvres, pâte tendre, même décor.

256 — Quatre grands compotiers ou saladiers en ancienne porcelaine pâte tendre de Sèvres, décor dit à la feuille de chou.

257 — Quatre autres, ancienne porcelaine
pâte tendre de Sèvres, décor polychrome
à bouquets de fleurs.

258 — Douze tasses à café forme cylindrique,
ancienne porcelaine de Sèvres, même
décor.

259 — Plateau piédouche, ancienne porcelaine
pâte tendre de Sèvres, même décor.

260 — Pot à eau forme broc, ancienne porcelaine pâte tendre de Sèvres, même décor.

261 — Dix-sept assiettes à dessert, bords
contournés, ancienne porcelaine pâte
tendre de Sèvres à bouquets de fleurs et
hachures bleues.

262 — Quatorze assiettes plates et creuses,
ancienne porcelaine pâte tendre de Sèvres,
bouquets de fleurs détachés.

263 — Dix pièces : neuf tasses et un sucrier
ancienne porcelaine pâte tendre de Sèvres,
décor polychrome de bouquets de fleurs
et rubans bleus.

264 — Environ cinquante tasses et leurs soucoupes en ancienne porcelaine pâte tendre de Sèvres. Epoques Louis XV et Louis XVI de différents décors.

265 — Six pièces : quatre tasses, sucrier et pot à lait, ancienne porcelaine pâte tendre de Sèvres, décor or sur fond blanc.

266 — Ecuelle et son plateau, ancienne porcelaine pâte tendre de Sèvres, décor de paysages en camaïeu bleu et or.

267 — Ecuelle et son plateau ancienne porcelaine pâte tendre de Sèvres, décor d'attributs de jardinage, camaïeu rose et or.

268 — Environ cinquante pièces : théières, cafetières, sucriers, soucoupes, écuelles, ancienne porcelaine pâte tendre de Sèvres. Epoques Louis XV, Louis XVI et Empire.

269 — Deux tasses à café et leurs soucoupes en ancienne porcelaine pâte tendre de Vincennes.

270 — Une tasse à café et sa soucoupe en ancienne porcelaine pâte tendre de Tournay, décor oiseau, marli décor or sur fond bleu (service de Buffon).

271 — Quatre pièces (tasses et soucoupes, sucrier sans couvercle, moutardier forme baril, plateau adhérent) ancienne porcelaine tendre de Mennecy et Chantilly.

272 — Salière forme trèfle, ancienne porcelaine tendre de Mennecy.

273 — Six pièces : coquilles, raviers et compotiers, ancienne porcelaine, pâte tendre de Sèvres.

274 — Huit pièces ancien biscuit de Wedgewood, décors en relief blancs sur fond bleu clair : tasses, veilleuses et socles.

275 — Douze groupes ancienne porcelaine Saxe, Louisbourg, Frankenthal et autres.

276 — Plusieurs groupes et figurines en ancienne terre de Lorraine, de Cyfle.

277 — Deux bouts de table à deux lumières
formés d'amours couchés, ancienne por-
cêlaine de Zurich.

278 — Quarante et une pièces : trois cache-
pots, deux soupières, deux verrières,
deux sucriers et plateaux, deux huiliers,
deux compotiers, deux salières et vingt-
quatre assiettes, ancienne porcelaine tendre de Capo-di-Monte, décor polychrome
et or, de personnages et ornements, reliefs en blanc avec inscriptions rappelant
le sujet (quelques pièces avec monture
ancienne en bronze doré).

279 — Environ trois cents pièces : assiettes,
tasses, soucoupes, vases, groupes, statuettes, en porcelaines anciennes et
modernes de Saxe, Sèvres, Chine,
Japon, etc., et en biscuit. (Ce lot sera
divisé).

280 — Petite plaque ovale en ancienne porcelaine de Sàxe ornée d'un joli décor
camaïeu rose : personnages dans un paysage.

281 — Quatorze assiettes porcelaine de Saxe, décor polychrome de fleurs et fruits, ornements en or.

282 — Deux jardinières forme papeterie en ancienne faïence de Saint-Clément, décor polychrome, médaillon en grisaille avec amours et attributs.

283 — Jardinière forme éventail, ancienne faïence de Sceaux, décor polychrome de bouquets de fleurs.

284 — Deux verrières en ancienne porcelaine de Saxe.

285 — Deux très grandes et grosses potiches en ancienne faïence de Delft, camaïeu bleu, décorées dans le goût chinois. (Marquées A. K.).

286 — Potiche forme boule, ancienne faïence de Castel-Durante, décor polychrome.

287 — Quatre grosses potiches en ancienne porcelaine de Chine, décor camaïeu bleu.

288 — Gourde en ancienne faïence de Nevers, décor camaïeu bleu dans le goût chinois.

289 — Très grand vase à deux anses en ancienne faïence de Savone.

290 — Grande potiche en ancienne porcelaine du Japon, décor bleu et or.

291 — Deux grands plats porcelaine de Chine.

292 — Grand pot porcelaine de Chine anse bronze doré.

293 — Deux grands vases potiches porcelaine du Japon décors gros bleu.

294 — Deux grands vases avec leurs couvercles porcelaine de Chine, décor polychrome, monture bronze doré, Style rocaille.

295 — Douze bouteilles en porcelaine ancienne de Delft, Chine et Japon, à décor bleu.

296 — Environ vingt-cinq pièces (vases, potiches, cornets, jardinière, en porcelaine de Chine et Japon et autres anciennes et modernes (ce lot sera divisé).

297 — Deux statuettes terre cuite : Soldats
du I$^{er}$ Empire.

298 — Huit poupées italiennes.

299 — Deux plaques bas-reliefs en terre cuite :
Amours et Junon.

300 — Deux médaillons en terre cuite : Nymphes et Satyres.

301 — Médaillon en terre cuite : Nymphe,
signé CLODION.

302 — Bas-relief terre cuite : Amours jouant
de la trompette.

303 — Deux groupes en terre cuite : Amours
jouant.

304 — Deux statuettes terre cuite : Satyre et
Bacchante.

305 — Trois statuettes : Amours, enfants et
un buste de bacchante en terre cuite.

306 — Groupe de deux amours et socle terre
cuite de HERMANT.

307 — Groupe terre cuite de trois Amours
portant des fleurs.

308 — Groupe terre cuite : Nymphe et Satyre, de GODECHARLES.

309 — Statuette terre cuite peinte : Amour
couché.

310 — Petite statuette terre cuite : Jeune
femme.

311 — Statuette en stuc : le Gladiateur mou-
rant.

312 — Deux bas-reliefs terre cuite : Faunesse
et Amours.

313 — Terre cuite de CANOVA.

314 — Quatre pièces terre cuite :

Homme couché.
Femme triton luttant contre un ani-
mal fantastique.
Groupe de deux Amours.
Petite fille, de GAILLON.

315 — Projet de console surmontée de deux cariatides de femme (plâtre).

316 — Buste de femme en terre cuite.

317 — Médaillon en terre cuite de CHINARD.

318 — Trois groupes : femmes, satyres et amours en terre cuite.

319 — Six statuettes, groupes et statuettes terre-cuite : marmitons, etc..., par LEPÈRE.

320 — Vase en verre de Bohême.

# MINIATURES

## OBJETS DE VITRINE

321 — Petite miniature : portrait de femme âgée, vue de profil.

322 — Petite miniature : portrait de femme, vue de face, à collerette Henri II.

323 — Petite miniature ovale : portrait de femme Louis XV.

324 — Petite miniature : portrait du roi
Louis XVI.

325 — Miniature : portrait d'homme 1830.

326 — Petite miniature : portrait d'homme
vu de face, cadre en strass.

327 — Trois miniatures : portraits d'hommes.

328 — Petite miniature : portrait de femme,
corsage ouvert garni d'un fichu.

329 — Miniature : portrait de jeune femme
en corsage bleu.

330 — Miniature : portrait de jeune femme
poudrée, décolletée avec collier de perles.

331 — Miniature : portrait de jeune femme
avec peigne corail dans les cheveux.

332 — Miniature ovale : portrait de femme
vue de face avec peigne de corail dans
les cheveux.

333 — Petite miniature, cadre strass : portrait de jeune femme Louis XV.

334 — Petite miniature : portrait de jeune femme vue de face, corsage garni de fourrures. Cadre bronze doré, style Louis XVI.

335 — Petite miniature : portrait de jeune femme Louis XVI avec ruban bleu autour du cou. Cadre bronze.

336 — Petite miniature grisaille. Cadre écaille.

337 — Dessus de tabatière ornée d'un émail.

338 — Miniature : portrait de jeune femme, corsage ouvert. Cadre carré.

339 — Miniature ronde : portrait de jeune fille en robe blanche Directoire. Cadre strass.

340 — Miniature ovale : portrait de jeune femme décolletée, corsage velours vert.

341 — Miniature ronde : portrait de femme vue de profil. Cadre en strass.

342 — Grosse montre ancienne en cuivre, boîtier orné d'un émail sujet pastoral.

343 — Petite montre ancienne en or, boîtier
orné d'un sujet miniature : Louis XIV en
costume romain.

344 — Boîtier de montre orné d'un émail à
décor d'amours.

345 — Belle montre en or à remontoir et à
répétition, boîtier orné d'émaux à sujets.

346 — Boîte écaille monture or, dessus orné
d'une miniature de bacchante.

347 — Dessus de boîte portrait de femme
décolleté, avec manteau de cour.

348 — Boîte écaille avec incrustations, dessus
orné d'une miniature, portrait de jeune
femme en robe blanche du Directoire.

349 — Service de toilette en cristal, couvercles en argent, composé de neuf pièces
(flacons, boîtes, miroir, etc.)

350 — Calice argent repoussé, travail alle-
mand.

351 — Verre à boire à pied, argent, partie vermeillée, à médaillons représentant des paysages.

352 — Grand gobelet argent repoussé à dessins de fleurs et amours.

353 — Petite boîte Louis XV à rinceaux.

354 — Quatre zarfs en métal doré.

355 — Couvercle surmonté d'un oiseau en métal.

356 — Deux petits bronzes, Sphinx femme.

357 — Deux guirlandes bronze doré.

358 — Deux médaillons ronds bronze doré Louis XVI, homme et femme.

359 — Petit vide-poche cristal rouge monté sur pied, en cuivre repoussé orné d'un ours ailé.

360 — Poignée d'épée, cendrier, trois cuillers métal. Epoque Renaissance.

361 — Petit vase en cristal de roche monture
bronze.

362 — Objets omis.

PARIS, IMPRIMERIE MÉNARD ET CHAUFOUR

8-10, Rue Milton